AF599862

Consuelo Marco Martínez (马康淑) Directora del Área de Estudios de Asia Oriental Filología-UCM, del Máster de Traducción Chino-Español, del Grupo de Investigación Sinología Española Complutense. -Lengua, Cultura y Sociedad, y de la Revista Complutense de Estudios de Asia Oriental. Premio Cátedra China 2022. En el año 2021 tradujo, junto a Min Sun el libro de José Manuel Lucía Megías, *Diario de un viaje a la tierra del dragón* (Madrid, Lastura).

Min Sun (孙敏) Doctora en literatura comparada por la UCM y profesora de lengua y literatura españolas en la Universidad de Xiamen- RPC. Actualmente es la coordinadora del Grado de Español. Miembro del grupo de investigación GISEC-UCM.

GRAFFITI

POESÍA

HUERGA & FIERRO EDITORES

HUERGA Y FIERRO EDITORES, S. L. U.
C/ SEBASTIÁN HERRERA, 9
28012 MADRID (ESPAÑA)
TELÉFONO: 91 467 63 61
E. MAIL: huerga@huergayfierro.com
WEB: www.huergayfierro.com

PRIMERA EDICIÓN
2024

DISEÑO DE ÁNGEL LUIS VIGARAY

DEPÓSITO LEGAL: M-23684-2024 — I. S. B. N: 978-84-129307-3-3
IMPRESO EN ROMADAC Industria del Libro.
IMPRESO EN ESPAÑA

AQUÍ Y AHORA
此时此地

José Manuel Lucía Megías

AQUÍ Y AHORA
此时此地

JOSÉ MANUEL LUCÍA MEGÍAS
陆荷西

Edición bilingüe
双语版

Traducción
Consuelo Marco Martínez
Min Sun

译者
马康淑
孙敏

GRAFFITI

HUERGA & FIERRO EDITORES

清算…

溶解。
混入虚无中。
丈量白纸的尺寸
怀抱纸的四边。
拥抱每一个角，
用指尖触碰
想象墨水画的圆弧
变成一个红点。
天空被白色的线条填满
每一条线都是一个故事
与云影相交织，
与寂静阴影的记忆相交织。
天亮了 一切又要重复。
又要溶解掉一天
在时间的针脚中，
在闹铃可预见的背叛中，
在手机单调而精准的铃声中。

再次溶解在疑惑中，
在电台抑扬顿挫
播报的新闻声中。
溶解在血流
使我们脸颊浸满思念的节奏中。

天空中多了一条新线
背景是蓝色的，
终究还是一张白纸，
无论承诺其多么绿色环保
或者勾画新情况的红色多么鲜艳。

LAS CUENTAS...

Deshacerse.
Confundirse en la nada.
Tomar las medidas del folio en blanco
y abarcarlo en sus cuatro costados.
Abrazar las esquinas,
tocar con la punta de los dedos
la tinta imaginaria de un círculo
que se convierte en un punto rojo.
El cielo se ha llenado de líneas blancas
y cada una de ellas es una historia
que se cruza con la sombra de las nubes,
con el recuerdo de sombras del silencio.
Amanece y todo comienza a repetirse.
Un día más para deshacerse
en el cuadriculado ritmo de las horas,
la previsible alevosía del despertador,
la monótona y certera alarma del móvil.

Deshacerse una vez más en la duda,
una vez más en la noticia que golpea la radio
con el ritmo anunciado de las agencias.
Deshacerse al ritmo de los torrentes
que bañan de nostalgia nuestros rostros.

Una nueva línea en el cielo
y todo es azul en el fondo,
por más que sea un folio en blanco,
por más que sea el verde de un compromiso
o el rojo de una nueva circunstancia.

天空中的线条一点一点消失
只剩下黎明的蓝色光芒。
故事渐渐失去色彩
对话开始成为单音节。
一切似乎都在一点一点地开始。
就像这黎明。这新的黎明。

一睁眼就立刻想溶解。
忘记我们身上发生的那么多故事，
那么多想要我们微笑的人。
目光再也不像是我们的，
伸出的双手再也不会拯救我们，
握过的那些手早已忘却。
想象十三个对你说再见的理由
刚打开静默的电脑却
又一次，敲打出，一个“我爱你”。

又一条白线出现在蓝色的天空中。
一条新线，一点一点地，消失
直到它成为远处的一个点。
那是梦中瞳孔的中心。
那是儿时你给我讲过的一个故事
那是儿时我们相信的一个幻想。
那是儿时挂在，
我们额前的一串话语，就在那从未停止生长的额头

溶解。
天在变明。
新的一天将和昨天一样，
就算它被 新的话语填满，
被化为灰色记忆的约会填满，
化为别人将要生活的新故事
此刻这些将变成文学，
变成不能用时光感知的文字
而你也将在这些诗句中被苏醒。

Y poco a poco las líneas del cielo desaparecen
y solo queda el brillo azul del amanecer.
Y poco a poco las historias van perdiendo color
y los diálogos comienzan a ser monosílabos.
Poco a poco todo parece comenzar.
Como este amanecer. Este nuevo amanecer.

Deshacerse nada más abrir los ojos.
Olvidar tantas historias que nos habitan,
tantos personajes que desean tener nuestra sonrisa.
Miradas que nunca serán ya las nuestras,
manos tendidas que nunca nos salvarán,
enlazadas manos de las que ya no me acuerdo.
Imaginar trece razones para decirte adiós
y terminar por abrir el ordenador silencioso
y escribir, una vez más, un te-quiero.

Una nueva línea blanca en el cielo azul.
Una nueva línea que, poco a poco, va desapareciendo
hasta convertirse en un punto lejano.
El centro de la pupila de un sueño.
Una de esas historias que me contaste de niño,
una de esas ilusiones que siendo niños nos creímos.
Una de esas palabras de niño que coronan
nuestra frente, esa frente que no ha dejado de crecer.

Deshacerse.
Amanecer.
Saber que este nuevo día será igual que el de ayer,
por más que se llene de nuevas palabras,
de citas convertidas en un gris recuerdo,
en una nueva historia que otros vivirán
ahora que se van convirtiendo en literatura,
en palabras que no conocen el tacto del tiempo
a medida que tú vas resucitando en estos versos.

我注定只能回忆，
一遍又一遍，一遍又一遍地回忆，
一遍又一遍，一遍又一遍地编织，
儿时你讲给我的故事。
那些我要使它们变成诗歌和文学的故事，
那些让我在黎明重生的故事，
如此虚假，却如同你的记忆一样重要的故事。

溶解。
生活在写作的墨水中。
感受，一次又一次地感受到这就是生活：
回忆我们从未经历过的事情。

Estoy condenado al recuerdo,
a recordar una y otra vez, una y otra vez,
a inventarme una y otra vez, una y otra vez,
las historias que me contaste siendo niño.
Esas que voy convirtiendo en versos y literatura,
esas que me devuelven la vida al amanecer,
tan falsas, tan necesarias como tus recuerdos.

Deshacerse.
Comenzar a vivir en la tinta de la escritura.
Sentir, una y otra vez, que esto es la vida:
un volver a recordar lo que nunca hemos vivido.

1.

此刻
我与你同岁,
某天你离开时的岁数。

(很快。
总是很快)

此刻
我找回了那个孩子的眼睛
那是曾经的我的眼睛,
那双盲目挂着眼屎和疑问的眼睛,
那双眼睛让我看到了一扇窗的玻璃镜,
就是那扇窗的。
同一扇窗的。
总是那块玻璃。
相同的反射消失在
眼睛一闭一合之间,
车一来一往之间,
火车轨道平行的一瞥之间。

此刻,
我可能就是你,和你一样的年龄
一样沉重的肩膀,无力的手指
手上一样的皱纹。

此刻
我们也许有同样的呼吸,
同样的缺牙缝隙,
同样的闪耀在光头上的光芒
同样的镜片度数……

1.

Ahora
que podría tener tus años,
los años que un día abandonaste.

(Pronto.
Siempre demasiado pronto)

Ahora
que descubro los ojos de aquel niño
que un día fui,
ojos ciegos de legañas y preguntas,
ojos que me devuelven el espejo intermitente
de una ventana, de aquella ventana.
La misma.
Siempre el mismo vidrio.
Siempre idéntico reflejo que se pierde
en un abrir y cerrar de ojos,
en un pasar y adelantar de coches,
en las paralelas miradas de las vías del tren.

Ahora
que podría ser tú, con tus años,
con tus espaldas cargadas, tus dedos débiles
y las mismas arrugas en la geografía de las manos.

Ahora
que podríamos tener el mismo aliento,
y los mismos huecos de los dientes perdidos,
el mismo brillo en la calva soleada
y las mismas graduaciones en idénticas gafas…

此刻，
终于，
此刻，
时隔多年，
我再次对着玻璃镜
现在重获这个没有答案的眼神
在白雪皑皑的背景下
在被掠夺的那个二月份。

此刻
那个夜晚重现，那个特殊的夜晚
充满着无声的哭泣和响亮的叹息，
狭小走廊上来回的踱步声
和让电话那头沉默的声音。

最后一声叹息。
最后一句话。
最后一个手势。
最后一个眼神。
唯一的一滴泪。

我脸上再次沾着那个枕头的味道，
闭上的耳朵、眼睛和拳头。
都闭上了，从那时起，直到永远。

到此刻

此刻
那个小孩回来与镜子和解。

此刻……
　或者永不。

Ahora,
por fin,
ahora,
después de tantos años,
vuelvo a asomarme al espejo del cristal
y rescato ahora esa mirada sin respuestas
bajo el telón de fondo blanco de una nevada
y un mes de febrero que me robaron.

Ahora
vuelve aquella noche, aquella única noche
de llantos enmudecidos y de suspiros sonoros,
de carreras por el pasillo sin distancia
y una voz que calla al otro lado del teléfono.

Un último suspiro.
Una última palabra.
Un último gesto.
Una última mirada.
La única lágrima.

Y el mismo olor de aquella almohada sobre mi cara,
ese cerrar los oídos y los ojos y los puños.
Cerrados, desde entonces, para siempre.

Hasta ahora.

Ahora
que vuelve aquel niño a hacer las paces con los espejos.

Ahora…
        o nunca.

2.

那晚有东西坠落了。
没有破碎。
从那天晚上起，有东西一直在坠落。
静静地。

突然，
黑暗是一声咆哮……
或是一声抽泣
或是一滴眼泪
打破了那个夜晚，
从那以后就不断破裂，
从那时起，它就没有停止过，向外流淌。

2.

Algo se cayó aquella noche.
Sin romperse.
Algo sigue cayéndose desde aquella noche.
En silencio.

Y, de pronto,
la oscuridad es un estruendo…
o un sollozo,
o una lágrima
que se rompió aquella noche,
que sigue rompiéndose desde entonces,
que no ha dejado, desde entonces, de derramarse.

3.

收音机中传来枪声
和因恐惧暂停的呼吸声。
只有三个眼神经受住
半圆形议会中发生的政变。
收音机继续广播着沉默
血管里被故事填满，
祖母们再次回忆起的故事。
这一切发生在七月十七日
又在二月二十三日重演。
电视里一片寂静。电话中各种不安
走廊里蔓延着寂静。
最后喘息的寂静
和未曾说出的忏悔。
一扇门砰地关上了。
那边，
就在走廊尽头。
我们知道一切都结束了，
再也没有叹息或最后的话语，
橱柜将被黑色淹没
使来访者的眼眶充满泪水。
现在。
那一刻。
当时。
一切在一瞬间都结束了。
一切又在那一瞬间开始了。
遗忘开始的那一刻。

然后
收音机似乎又活了过来
在国王抑扬顿挫的演讲声中。

3.

Llegaban por la radio ecos de disparos
y de aliento suspendido en el miedo.
Solo tres miradas aguantaron el pulso
a la diana semicircular del golpe de estado.
Las radios retransmitían el silencio
y las venas se llenaban de historias,
las historias que volvían a recordar las abuelas.
Así había sucedido un 17 de julio
y así volvía a repetirse un 23 de febrero.
La televisión muda. Los teléfonos ansiosos
y un silencio que crecía desde el pasillo.
Un silencio de últimos suspiros
y de confesiones nunca pronunciadas.
Una puerta se cerró de golpe.
Ahí,
justo al final del pasillo.
Y todos supimos que todo había terminado,
que ya no habría suspiros ni últimas palabras,
que habría que inundar de negro los armarios
y llenar de lágrimas los ojos de las visitas.
Ahora.
En ese momento.
Entonces.
Todo acabó en un instante.
Todo comenzó en aquel instante.
El instante del inicio del olvido.

Y entonces
la radio pareció de nuevo cobrar vida
en el ritmo nasal del discurso del Rey.

然后
我知道一些都结束了。

时间。
等待。
希望。

那个不可避免的二月很冷。
从那以后，寒冷从未停止过。

Y entonces
supe que todo había terminado.

El tiempo.
La espera.
Las esperanzas.

Hacía frío aquel inevitable mes de febrero.
Nunca, desde entonces, ha dejado de hacerlo.

4.

够吗？

用几句诗能
唤醒你吗？
用一下午匆匆写成的话语？
在一个你不知道的下午，
在一张你没见过的沙发上，
在一个只有田地和泥泞的街区
在你还想回忆时。

够不够？
用这些诗句继续为我创造一个生命？

让我坐下来书写
让我坐下来回忆你
试图创造昨天的画面
没有什么意义的画面，
且，事实上，从未让人扣人心弦
值得记住的画面。

我闭上眼睛
浮现在我眼前的是一些照片。

写作够吗？
在我们共享的五十岁写给你
开始回忆你，
开始意识到
在这段时间里我有多么的想你？

4.

¿Es suficiente?

¿Acaso pueden ser suficientes unos versos
para recordarte,
unas palabras hilvanadas en la tarde?
Una tarde que no has conocido,
en un sofá del que no tienes noticia,
en un barrio que era solo campo y lodo
cuando aún tenías deseos de recordar.

¿Acaso son suficientes
estos versos para seguir inventándome una vida?

Me siento y escribo.
Me siento y te recuerdo,
intento inventarme imágenes de un ayer
que nunca llegaron a nada,
que, en realidad, nunca fueron tan íntimas
que merecieran la impresión de un recuerdo.

Cierro los ojos
y son las fotografías las que evoco.

¿Acaso es suficiente escribir,
escribirte a nuestros cincuenta años compartidos
para comenzar a recordarte,
para comenzar a darme cuenta de todo
lo que te he echado de menos durante este tiempo?

是够的。
今天是够的。

有些回忆比伤口还糟糕。
沉默中的回忆。不存在的回忆。
我们一直在制造的一些回忆
使我们相信有一天我们是活着的。

Suficiente.
Hoy es suficiente.

Hay recuerdos que son peores que las heridas.
Los recuerdos en silencio. Inexistentes.
Aquellos que nos inventamos a todas horas
para creernos que un día estuvimos vivos.

5.

如何制造记忆的缄默地图？

我闭上眼睛，记忆的线条浮现。
我试着用文字唤起
将我与过去连结在一起的感觉、姿态，
连结你的过去，
连结我正在编织的我们的过去。

被时间的脚步破坏的路
还能保持整洁的是多么稀少啊！
我们游玩过的沙滩已时过境迁，
沙堡的建筑线条
或是我们未曾到过的国家轮廓，
我们永远也不能一起探索了。你和我。

我深入幻想的景象之中，
感到荒凉、空虚和荒芜，
仿佛置身于童年的景象中
如今只看见一排排的房屋
那些用淤泥建设的房子。

这里的一切都无法让我想起你。
我的记忆中没有一处能让我想起你。

手指游走在缄默照片
已溜走的人像轮廓上，
感到我开始过另一个我的生活
他不是我，无论我多么想看起来像他。

5.

¿Cómo se completa el mapa mudo de la memoria?

Cierro los ojos ante las líneas de mis recuerdos.
Intento evocar en el cuenco de las palabras
las sensaciones, los gestos que me unen al pasado,
a tu pasado,
a nuestro pasado que voy inventando.

¡Qué escasos son los caminos que han permanecido
limpios con el paso destructor del tiempo!
Nada me dicen ahora las playas en que nos bañamos,
las líneas arquitectónicas de los castillos de arena
o las siluetas de los países que nunca conocimos,
que nunca pudimos conocer juntos. Tú y yo.

Me adentro en el paisaje de las evocaciones
y me siento desolado, vacío, deshabitado,
como si volviera a ese paisaje de la infancia
que hoy solo me devuelve horizontes de casas
prefabricadas y socavones de lodo estancado.

Nada de este paisaje me recuerda.
Nada de mis recuerdos te recuerdan.

Recorro con los dedos las líneas dibujadas
en las siluetas huidizas de las fotografías mudas,
y siento que comienzo a vivir la vida de otro yo
que no soy yo, por más que quiera a él parecerme.

一个带着虚假微笑和排练过姿态的我，
有着从未谋面的教父的拥抱的我。
脑海里尽是假想的国家，
一个由沙子和盐水组成的童年，
大海还是我游玩过的那片大海
发生在将近五十年前，我们的五十年。
诗句为远山
以及那些曾属于我们的深渊染上色彩
这儿或是此刻，即使没有什么，能记得我们。

没关系。
这就是生活。

难道我不是在我们从未有过的对话中
在你周日给我的拥抱中自我编造吗？
即使我只记得你的背影，你的背影不总是很遥远吗？
难道我不也是一幅缄默的地图吗？
在上面我不断补充着虚假的国家，
和镜子里映照出的海洋的沟壑？

Un yo de sonrisas inventadas y de gestos ensayados,
de abrazos de padrinos que nunca he conocido.
Lleno de nombres falsos los países imaginarios,
de una infancia que es de arena y de agua salada,
de un mar que sigue siendo el mismo en que me bañé
hace ya casi cincuenta años, nuestros cincuenta años.
Los versos van matizando de colores las colinas lejanas
y los cercanos abismos que un día fueron nuestros
por más que no haya nada, ni aquí ni ahora, que nos recuerde.

No importa.
Así es la vida.

¿Acaso no me invento en las conversaciones que nunca
compartimos,
en los abrazos que tuviste que darme en los domingos
aunque solo recuerde tu espalda, tu espalda siempre lejos?
¿Acaso no soy yo también un mapa mudo
en que voy llenando de ficciones sus países,
los huecos oceánicos que reflejan los espejos?

6.

再也没有人叫过你的名字。
那晚之后。
没有人。
你的名字消失在唇边
在我背后低语
随着我的步伐归于沉寂。
你的名字成为我背上的轻柔一击
和微笑的帮凶，像同谋一样。
你的名字是一声叹息，一个哎呀-圣母-玛利亚，
或是一把摇曳过猛撞击到胸腔的扇子。
你的名字变成了印刷的字母
在我母亲签署
的文件中
用她无意识的笔迹。
你的名字成为基石
建成那座崭新的寂寞大楼
用我的身高将我与痛苦隔绝开来
隔绝深渊和空乏的黑暗。
你的名字成了护身符
只能在那些黎明时忘记
逃离不眠之夜的阴影时
屏住呼吸不发元音才能读出来。
再也没有人在我面前说出你的名字。
在你的身体之前，时间的蠕虫
吞噬了你的音节，你的字母和你的呼吸。
只给我留下你的姓氏，
标志着良好出身的姓氏
只知道将痛苦隐藏在沉默之后。

无言。无语。无字母。无声音。
渐渐地，你变成了一张照片。

6.

Nadie volvió a pronunciar tu nombre.
Después de aquella noche.
Nadie.
Tu nombre se perdió en los labios
que susurraban a mis espaldas
y que se volvían silencio a mi paso.
Tu nombre se convirtió en un golpe en la espalda
y en una sonrisa cómplice, casi compañera.
Tu nombre fue un suspiro, y un Ay-virgen-santa,
y un abanico golpeándose enérgico sobre el pecho.
Tu nombre pasó a ser de letras impresas
en los documentos que mi madre firmaba
con la letra inconsciente de lo inevitable.
Tu nombre se volvió piedra angular
del nuevo edificio de silencio que construyeron
con mi altura para aislarme del dolor
y del hueco abismal y oscuro de la ausencia.
Tu nombre se volvió un talismán
que solo se pronunciaba casi sin aliento ni vocales
en aquellos momentos en que el amanecer se olvidaba
de huir de las sombras en las noches de insomnio.
Nadie volvió a pronunciar delante de mí tu nombre.
Antes que tu cuerpo, los gusanos del tiempo
devoraron tus sílabas, tus letras, tu aliento.
Solo me quedó tu apellido, estandarte
de un buen linaje, de una familia buena
que solo supo esconder el dolor tras el silencio.

Sin palabras. Sin sílabas. Sin letras. Sin sonidos.
Poco a poco, te fuiste convirtiendo en una fotografía.

一天天变成轮廓。一天天变成黑白色。
一天天被遗忘在家庭相册中，
用你未曾相识的微笑，
用对你、对我
对我们已经没有意义的名字来分享风景。沉默着。
　最后，共享着。

Cada día más de perfil. Cada día más en blanco y negro.
Cada día más olvidado en el álbum familiar,
compartiendo paisaje con sonrisas que nunca conociste,
con nombres que ahora no nos dicen nada,
ni a ti, ni a mí. Silenciosos. Por fin, compartidos.

7.

一切发生得如此迅乎！

看着镜子里的自己
从我审视的神情中认出
关于你最后的痕迹，
你最后的神情在无名的
沉默中和大门紧闭中。

我盯着镜中的你看
你镜中的样子使我意识到我和你同岁，
五十岁你逝去时的年龄。

你忧郁的双眼及灰色身影
传染给了我。
我的眼睛和张开的前额
等待着荣誉和新胜
这些年来已经褪色。
岁月让我们永远分离。
岁月石化了我幼稚的手
在你手心的保护碗里，
迷失在你燃烧的修长手指间
抹去野地上的痕迹。

我站起来，是你的双腿支撑着我。
我微笑着感受你的舌头爱抚我的嘴唇。

一切发生的如此迅乎！
我们在一起的生活多么短暂，
童年的时光充满着你的气息，

7.

¡Qué rápido que ha pasado todo!

Me miro en el espejo
y reconozco en mis gestos escrutadores
las últimas huellas de tu recuerdo,
tus últimos gestos casi en el anonimato
de los silencios y de las puertas cerradas.

Te miro en mi reflejo
y en tu reflejo me descubro con tu edad,
con los cincuenta años de tu muerte.

Ahí están tus ojos y la sombra gris
de una melancolía que ahora compartimos.
Ahí están mis ojos y la frente abierta
a la espera de laurales y marcas de agua
que se han difuminado con el paso de los años.
Unos años que nos separan para siempre.
Unos años que han petrificado mi mano infantil
en el cuenco protector de tus manos vacías,
perdida entre tus largos y encendidos dedos
que se empeñaban en borrar las huellas del campo.

Me levanto y son tus piernas las que me sostienen.
Sonrío y siento cómo tu lengua acaricia mis labios.

¡Qué rápido que ha pasado todo!
¡Qué efímera nuestra vida juntos,
los pocos años infantiles que se llenan de tu olor,

充满着你脸上的古龙水味
我在每次拥抱时呼吸到的香水味
告别单调上学路！

你离开得那么迅乎！
你还在快速地离去！

de la colonia que te salpicaba la cara
y que yo respiraba en cada uno de los abrazos
de la despedida camino monótono a la escuela!

¡Qué rápido que te fuiste!
¡Qué rápido aún te sigues yendo!

8.

我听到远处的声音
从敞开的窗子，
从我们开着的窗子。
遥远的声音。

尽管距离遥远，
尽管时间飞逝，
它们是熟悉的声音
让我想起
带着独裁印记的一段时期
就像上千年的小麦生长史
像千年的养牛史般千古不变。

他们交谈着什么，尽管让一切都沉默了。
我在他们的余音中清晰地嗅到了
劣质葡萄酒的酸味
为晚餐的最后一口叹息加冕。

他们在谈论我们。我知道，
虽然我仍在睡觉
而你已经开始死去。

8.

Oigo voces lejanas
desde la ventana abierta,
desde nuestra ventana abierta.
Voces lejanas.

A pesar de la distancia,
a pesar del tiempo transcurrido,
son voces familiares
que me devuelven los acentos
de un tiempo marcado por la dictadura
ancestral del crecimiento del trigo
y de la sed milenaria de las vacas.

Algo dicen, aunque lo callan todo.
Las oigo cristalinas en sus ecos
ácidos como el vino barato
que corona el último suspiro de las cenas.

Hablan de nosotros. Lo sé,
aunque yo sigo dormido
y tú hayas comenzado a estar muerto.

9.

五十年已逝。
我们的第一个五十年。
没有人提醒我们
蛋糕被蜡烛插满的速度
也没有人告诉我们承诺是多么短暂
有一天我们的妄自尊大使我们
在镜子前许下庄严的诺言。

一切都太快了，一切，都太快了。

等待的时间过得太快了。
背叛的梦想在
日常的轨道里离去得太快了。
庄严的话语
还没说出口就很快溜走了。
让人晕眩，是的，只是想一想，
数百万秒的晕眩
使我们共同的心跳加速
就算过了许多年
那还是我们的心跳
你的心跳在一个夜晚离去。永远离去。

没有人提醒我们生活的晕眩，
需要画面来填充
逝去岁月的银盒，
越来越暗淡的生日礼物包装纸，
越来越规矩，可预见和无趣。

我们的第一个五十年已经过去了。
我做到了与你共享年龄，
我活到了你死去时的年龄。

9.

Y ya pasaron cincuenta años.
Nuestros primeros cincuenta años.
Nadie nos alertó de la velocidad
con que las tartas se llenan de velas
ni de lo efímeras que serían las promesas
que un día nos haríamos solemnes
delante del espejo de nuestra soberbia.

Todo ha ido, todo, demasiado rápido.

Demasiados rápidos los minutos de la espera.
Demasiados rápidos los sueños traicionados
en la cuneta de los viajes cotidianos.
Demasiadas rápidas las palabras solemnes
en los discursos ya nunca pronunciados.
Da vértigo, en realidad, solo de pensarlo,
un vértigo de millones de segundos
en los que hemos compartido latidos de corazón
que nunca han dejado de ser nuestros latidos
por más que hace ya demasiados años
el tuyo se parara una noche. Para siempre.

Nadie nos alertó del vértigo de la vida,
de la necesidad de llenar de imágenes
la caja de plata de los años cumplidos,
de los papeles de regalo cada vez más grises,
más geométricos, más previsibles, más aburridos.

Ya pasaron nuestros primeros cincuenta años.
Ya he sido capaz de compartir tu edad,
de cumplir los mismos años de tu muerte.

下一个五十年已经开始，
你将无法去经历，
而我已准备好去好好生活
活在你死亡的赤字之上。

Ya comenzaron los próximos cincuenta años,
esos que tú jamás has cumplido ni cumplirás,
esos que yo me dispongo a empezar a vivir
por encima del reflejo matemático de tu muerte.

10.

在童年的西班牙
满是黑灰白色调，
微笑被冷冻
手上结着冻疮，
国歌声寂寥
配给券奉行时，
你还记得那时的梦想吗？

打谷场的麦子没有留下
做白日梦的时间，
种植的小麦，
在镰刀强劲地挥舞中
成一个精准的圆形。
麦子将无边无际的田野
染成黄色
打谷场洋溢着大海的气息，
就像一个千层尘埃的调色板。

没有太多时间用来做梦
也没有时间在学校学习。
肌肉在睡梦中依然紧绷
黑夜的影子是那
不知深渊的时钟的边界
摇摆在第一缕和最后一缕阳光之间。
没有时间，即使时间是
万年历里
红色日子的花环。
这一天什么也不做。
没有清晨、没有时间表、没有命令的一天。

10.

En aquella España infantil
de grises y en blanco y negro,
de las sonrisas congeladas
y los sabañones en las manos,
de los silencios en voz de himno
y de las cartillas de racionamiento,
¿te acuerdas de uno de tus sueños?

El trigo en la era no dejaba
mucho tiempo para las ensoñaciones,
el trigo que había que plantar,
el trigo que se volvía círculo exacto
en el recio movimiento de la guadaña.
El trigo que llenaba de amarillos
los campos infinitos del horizonte,
y de un sabor marítimo las eras,
paleta de los mil matices del polvo.

No había mucho tiempo para soñar
ni para aprender a leer en la escuela.
Los músculos seguían tensos en el sueño
y las sombras de la noche eran fronteras
de un reloj que desconocía el abismo
entre los primeros y los últimos rayos del sol.
No había tiempo por más que el tiempo
era una guirnalda de días en rojo
en la promesa anual de los calendarios.
Un día para no hacer nada.
Un día sin madrugadas ni horarios ni órdenes.

你是怎么看待
被工作偷走的第一个五十年？
你曾想实现的梦想是什么？
那些躲在微笑背后
只有你在镜子里才能看的到的梦想。

曾几何时，一切都尚未完成，
一段青草味的梦想时光
在月光下融化在口中。
曾几何时，
儿时的你和
在不知不觉中，成为男人的你分享着微笑。

当你过完五十岁时，
这种良性循环到什么程度会闭合？
在五十岁生日时你对
那些充满欢笑
没有黑夜的遥远的童年记忆还保留多少？

曾几何时，你允许自己做梦
梦着的生活超出四季之外，
超出青春的无情法则
以及无名生命的重复剧本
让乡间小路充满叹息。

那些路曾是你的地域。
那些路，随着流年的逝去，
最终消失在尘土中。
它们曾是你梦想的见证者。
它们至今仍然颤抖地躲藏在，
渴望被发现的草丛下。

¿Cómo te imaginaste por aquel tiempo
robado al trabajo tus primeros cincuenta años?
¿Cuáles eran los sueños que habrías cumplido
y que se escondían detrás de una sonrisa
que solo tú descubrías en el espejo?

Hubo un tiempo en que todo estaba por hacer,
un tiempo de sueños con sabor a hierba
deshaciéndose en la boca con luz de luna.
Hubo un tiempo de sonrisas compartidas
entre el niño que eras y el hombre que un día
terminarías, sin darte cuenta, por llegar a ser.

¿Hasta qué punto este círculo virtuoso
se cerró cuando cumpliste los cincuenta años?
¿Hasta qué punto en aquel cumpleaños
recordarías los sueños que llenaban de risas
los días sin noche de tu lejana infancia?

Hubo un tiempo en que te permitías soñar
con una vida más allá de las estaciones,
de la ley inexorable de las primaveras
y del guión repetido de las vidas anónimas
que llenan de suspiros los caminos del campo.

Esos caminos que un día fueron tu geografía.
Esos que, con el paso feroz de los años,
han terminado por desaparecer cubiertos de polvo.
Caminos que un día fueron testigos de tus sueños.
Caminos que hoy permanecen ocultos, tiritando
bajo la hierba ansiosa de los descubrimientos.

11.

我在半夜听到
鸟的歌声
垃圾车声
一辆自寻堵车的车声
远处公路的响声
在一个未知角落里
断断续续的谈话声。
我在半夜睁开眼睛
在我敞开的窗户旁聆听
几只鸟用歌声宣示着
黎明到来的是你双手
解开男人皮带的轮廓
他们渴望着
街区中心的宁静。

我睁开眼睛的瞬间即明了那都是你的回忆，
你童年的酸味
我现在都能感受到，就像
一些鸟儿唱的夜曲
每天晚上都与你一起醒来，
它们是你唯一的陪伴，
也是你笑容的最先见证者。

11.

Oigo en medio de la noche
el canto de unos pájaros
y el camión de la basura
y un coche en busca de un atasco
y el rumor lejano de la autopista
y una conversación entrecortada
por la geografía imprevista de una esquina.
Abro los ojos en medio de la noche
y escucho junto a mi ventana abierta
el canto de unos pájaros que anuncian
amaneceres que son los de tus manos
abriéndose a la silueta de unas correas
de unos machos que esperan sedientos
y silenciosos en el corazón de la cuadra.

Abro los ojos sabiendo que son tus recuerdos,
los olores agrios de tu infancia
los que ahora siento, los que ahora comparto,
como el canto nocturno de unos pájaros
que cada noche se despertaban contigo,
los únicos que te hacían compañía,
los primeros que eran testigos de tu sonrisa.

12.

你所做的一切都无法改变。
我所不知道的事也无法改变，
以及那些我被告知却从未真正发生的事。
我们一边虚构着我们，我一边在
笔记本的纸张里记录着，这其实不过是一个承诺，
这些诗句不过是一个陪伴，
不过是我分享你的错觉。

我们的失败无法改变。
我们的快乐短暂、孤单、冰冷
我们的辩驳现在都无法被肯定
就像我们的任何肯定都不会保持沉默。
一切都是多重的，被遗忘的。一切，一并用
砖块的秩序被记忆。
我要垒造你记忆的大厦
用横排的弯曲小道，
走那些我们从不愿意走的，
但是却每时每刻在走的路。

我用越来越纯净的诗句建造你，
远离令人惊讶的形容词的蜿蜒曲折，
就像镜子变成玻璃
大楼再次充满刺鼻的，
早晨从大蒜汤中溜出的气味。

如果我们什么都不记得 那什么都不属于我们。
如果我们背弃过去 那我们什么都不是。

12.

Nada de lo que hiciste se puede cambiar.
Nada tampoco de lo que nunca he conocido,
lo que me han contado y nunca realmente sucedió.
Nos inventamos a medida que voy llenando de recuerdos
las hojas de este cuaderno que no es más que una promesa,
estos versos que no son más que una compañía,
que la ilusión que me hago de compartirte.

Ninguno de nuestros fracasos puede ser modificado.
Ninguna de nuestras alegrías, efímeras soledades congeladas.
Ninguna de nuestras negaciones puede ahora afirmarse
como ninguna de nuestras afirmaciones quedarán en silencio.
Todo fue múltiple y olvidado. Todo, uno y recordado
en el orden inevitable de los ladrillos al descubierto.
Voy construyendo el edificio de tu memoria
con las filas horizontales de los caminos torcidos,
los que nunca quisimos transitar,
los que no dejamos de hacerlo a cada momento.

Te voy construyendo con versos cada vez más limpios,
más alejados de los meandros de los adjetivos sorprendentes,
como si el espejo comenzara a convertirse en cristal
y los edificios volvieron a llenarse de olores penetrantes,
de la argamasa huidiza de las sopas de ajo por la mañana.

Nada nos pertenece si nada somos capaz de recordar.
Nada somos si le damos la espalda al pasado.

不及忘却的谈话的灰尘。
不及床单上岁月流逝的褶皱。
我们只不过是一些微薄的回忆。
我们只不过拥有创造回忆的能力。

Menos que el polvo de una conversación olvidada.
Menos que las arrugas del paso del tiempo sobre las sábanas.
No somos más que nuestros escasos recuerdos.
No somos más que nuestra capacidad de inventarlos.

13.

很冷。放学时很冷。
跟季节和时间点都无关。
跟图书馆的字母顺序，
座位号和秘密涂鸦
以及课间休息时粘着的口香糖无关；
跟写满问题的黑板
需要记忆的荒谬的名词，
制造悲伤和迷宫的线条无关。
很冷。总是很冷。
不管外套是否充满颜色
不管院子里是否充满叫喊声。
很冷。
不管手套是否遮住
因焦虑等待而变形的指甲。
很冷。
不管膝盖是否沾上沥青
或者裤子被草汁抹绿。
天依然很冷。
寒冷仿佛要持续几个世纪并要被诅咒铭记。
寒冷如逆光逆流中的凝视
如镜子节中的自然爱抚
一进方形教室立马被摧毁。
寂寥的冷。如洗劫一空的金字塔的冷。
放弃的冷，将嘴边的话语吞咽进去的冷。
被堂而皇之蔑视和被可预见的谩骂的冷，
而又不得不沉默地重复着，时刻等待着这些遭遇。

13.

Hace frío. A la salida del colegio hace frío.
No importan las estaciones o las horas de la tarde.
Fuera del orden alfabético de la biblioteca,
del pupitre asignado y de las pintadas secretas
y los restos petrificados del chicle del recreo;
lejos de la pizarra que se llena de problemas
y de nombres absurdos que hay que memorizar,
de líneas que forman un triste y previsible laberinto
hace frío. Siempre hace frío.
No importa si los abrigos llenan de colores
las filas alborotadas de los gritos en el patio.
Hace frío.
No importa si los guantes esconden las uñas
deformadas por los impulsos nerviosos de la espera.
Hace frío.
No importa que las rodillas se llenen de asfalto
o que la hierba tiña de verde los pantalones.
Sigue haciendo frío.
Un frío de siglos repetidos y de maldiciones recordadas.
Un frío de miradas a contraluz y contracorriente
y de caricias intuidas en el festival de los espejos
a la entrada atropellada en la cuadratura de las clases.
Un frío de silencios. Un frío de pirámides saqueadas.
Un frío de renuncia y de palabras no pronunciadas.
Un frío de desprecios altisonantes y de insultos previsibles,
silenciosos de tanto repetirlos, de estar siempre esperándolos.

我等待时间流逝时很冷
冷得让你厌倦再多等一个下午，
你独自回家，溃败却不自知，
不知我的脚步声即是你的回音。
我独自回家，远离叫喊声
远离满是口水和承诺的离别。
我默默回家，一路上执着于将我的脚踩在你留下的
　　脚印上，
在永远下雨的灰色的泥巴路上
尽管所有的乌云都已消失。
我独自回来只是不想在下午认出你，
我不想发出不可饶恕的血泪呐喊。

Hace frío mientras espero que pasen los minutos
y que te canses de esperanza una tarde más,
y te vuelvas solo a casa, derrotado sin saberlo,
sin atender a mis pisadas que son tu eco.
Vuelvo a casa solo, alejado del enjambre de los gritos
y de las despedidas llenas de salivas y de promesas.
Vuelvo a casa en silencio, concentrado tan solo
en poner mis pies en las huellas que dejaron tus pisadas,
en el camino de barro que permanece lluvioso y gris
por más que hayan desaparecido todas las nubes del cielo.
Vuelvo solo porque no quise reconocerte en la tarde,
no quise darle voz al grito imperdonable de la sangre.

14.

还有我没记起的吗？
那夜你忘记
呼吸，忘记把音节
和治疗难忍的节奏串联起来

你被送回家来等死。
但是死亡在角落里徘徊
每个黎明都会打开新的疼痛盒子。
你呼吸困难。难以再次呼入
你童年起
抽过的上千根香烟气，
黄色的烟气填满你牙齿的缝隙。
你散发着死亡的气味，尽管多年来
我把你口中呼出的气味
跟得克萨斯帽上的夕阳
和你牵着马缰绳时
消失在烟雾中的一双大手混淆。

青春岁月之
夜的回忆被
一根根快速抽完的烟头诱惑和
烟灰头碾地声填满。
我们终于用上同一个烟灰缸
和相同颜色的一样的香烟盒。
嘴唇的热气在今天仍在
欲望的黑暗中共享
使我记起你难得的一些吻。

14.

¿Me queda algo por recordar
de aquella noche en que te olvidaste
de respirar, de seguir hilvanando sílabas
y el ritmo escandaloso de los tratamientos?

Te trajeron a casa para morir.
Pero la muerte se demoraba en las esquinas
y cada amanecer abría la caja de un nuevo dolor.
Te costaba respirar. Te dolía volver a respirar
los miles de cigarrillos que te habías fumado
desde la infancia, llenando de humo
amarillo los rincones más íntimos de tus dientes.
Olías a muerte, por más que por muchos años
el olor de tu aliento lo confundí
con los atardeceres de sombreros tejanos
y unas manos grandes perdidas en el humo
mientras sujetabas las riendas de un caballo.

La tentación de las colillas apuradas
y la ceniza cabezona y ruidosa en el suelo
volvieron a llenar de recuerdos las noches
con el paso social de los años juveniles.
Terminamos por compartir los mismos ceniceros
y el mismo color de las mismas cajetillas.
Aún hoy el aliento febril de unos labios
que se comparten en la oscuridad del deseo
me recuerdan algunos de tus escasos besos.

你被送回家来等死。
你被送回家来看着你消失
一点点消失在美好的晨光中，
直到你永远离开。
沉默中。
在沉默中我成了你。
充满放弃和恐惧的沉默。

Te trajeron a casa para morir.
Te trajeron a casa para verte desaparecer
un poco cada mañana en los buenos días,
hasta que terminaste por irte para siempre.
En silencio.
En ese silencio en que he convertido tu vida.
Un silencio de renuncias y de miedos.

15.

我的第一条地平线是地中海蓝；
伊维萨海滩的沙子，我的第一个玩具。
我保留的这些记忆其实是叙述的故事
沉默至今串联着我儿时的疑问。
在历史的飞跃前，在神秘的鸿沟前，
我筑了一堵我们的故事墙。
只有我们。
是除了举行洗礼、婚礼或葬礼这些重复发生的以外的
家庭故事。
是否妈妈珍藏的记忆
只有你们共享的亲密时刻，
比照片杜撰出来的记忆
或比在半夜在角落里听到的谈论更真实？
我们不是一起在伊维萨沙滩散步吗？
虽然我不记得了，难道你没有带我去看过海？
虽然你父亲般的气息没有和我相会，
难道你没有在夜幕降临的沙滩上吻过我？
在你成为我之前，你所经历的岁月和珍藏的记忆
都属于你，是你的，虽然现在它们不属于任何人。
但我们同呼吸、共命运的岁月，
那些是我的，那些活过的和被记住的，活过的和被创造的
没关系：记忆总是虚构的，是一个故事，
我们的记忆就是我最好的小说作品，
是我最初岁月的文学成品，也是我当下正在度过的岁月的文学成品。

我就是你，因为我想在你的记忆中创造自己，
那些记忆与松饼唤起的记忆完全不同。

15.

Mi primer horizonte fue el azul del Mediterráneo;
la arena de la playa de Ibiza, mi primer juguete.
Conservo recuerdos que en realidad son historias relatadas
y silencios que aún siguen hilvanados a mis preguntas juveniles.
Ante los saltos en la historia, ante los vacíos misteriosos,
yo he levantado un muro de historias que compartimos.
Solo nosotros.
Historias familiares más allá de los lugares comunes
que se repiten en la cuenta de los bautizos, bodas y funerales.
¿Acaso son más reales los recuerdos que atesora mi madre,
los momentos íntimos que solo vosotros habéis compartido,
que estos otros recuerdos inventados a partir de una fotografía
o de un comentario escuchado a deshora y entre esquinas?
¿Acaso no estuvimos juntos paseando por la playa de Ibiza,
acaso no me llevaste a conocer el mar por más que no me acuerde?
¿Acaso nunca me besaste en la playa al despuntar la noche
aunque nada de tu aliento paternal venga a mi encuentro?
Los años que viviste y los recuerdos atesorados antes de ser yo
te pertenecen, los tuyos aunque ahora ya sean de nadie.
Pero los años en que ya éramos un mismo aliento, idéntica sangre,
esos son míos, los vividos y los recordados, los vividos y los
inventados.
No importa: el recuerdo es siempre una ficción, un relato,
nuestros recuerdos son mi mejor novela, la literatura
acabada de mis primeros años, de los últimos que ahora cumplo.

Soy tú porque he querido crearme a la imagen de tus recuerdos,
esos que nada tienen que ver con las evocaciones de las madalenas.

我对你一无所知。这五十年里我对你一无所知。
我想我现在也不想知道或去了解你。

我认识你，因为你在那里，触手可及。
我认识你，因为你就是我，这个我现在已经成为了你，
我将在这个生命之年庆祝你的死亡凯旋。

Nada sé de ti. Nada he sabido durante estos cincuenta años de ti.
Nada creo que ahora quiero saber o descubrir de ti.

Te conozco porque estás ahí, al alcance de mi mano.
Te conozco porque eres yo, este yo que ahora se ha vuelto tú,
que cumplirá este año de vida la cifra triunfal de tu muerte.

16.

连咳几周后，我喉咙里
的音链变成了你的声音，
记忆中你的天亮就在走廊尽头。
咳嗽，感到你的胸腔，重新，燃起
在未知的疾病中，在症状中
医生问诊时都未告知的症状。
咳嗽，我体内挣扎着摆脱
这具不再属于我的身体
因为它不过是你身体的影子，
是你在浴室镜子里的姿态
或者是干咳的疼痛，
濒临死亡的强烈暗示。
我已经模仿你好几周了，
回忆着呼吸的沉重感
在我们生命的每一秒，
分享深夜的孤独，
破坏休息的宁静
从不完美的未来中窃取完美。

奇怪的是，正是这些死亡的症状
让我觉得自己还活着。

16.

Llevo semanas tosiendo, dejándome la garganta
en una cadena de sonidos que son los tuyos,
el recuerdo de tus amaneceres al final del pasillo.
Toso y siento tu pecho, de nuevo, incendiarse
en la enfermedad negada, en los síntomas
no confesados en los interrogatorios del médico.
Toso y algo de mí lucha por desprenderse
de este cuerpo que ya no me pertenece
porque no es más que reflejo de tu cuerpo,
de tus gestos delante del espejo en el baño
o de los dolores de una tos seca y tajante,
indicios vehementes de una muerte cercana.
Llevo demasiadas semanas imitándote,
recordando la pesadez de tener que respirar
durante todos los segundos de nuestra vida,
compartiendo una soledad en medio de la noche,
contaminando el silencio del descanso
y robando la perfección de los futuros imperfectos.

Y no deja de ser curioso que sean estos síntomas
de muerte los que me hacen sentir que sigo vivo.

17.

在每天等待的桌上，
摆列着一些纸牌，阅兵式般，
按照早已被彻底遗忘的规则……

并且，一张一张地，纸牌揭露它们的秘密
就在偶然翻转时，
并且，一张一张地，一切都开始意识到
数字独裁的顺序
以及不同花色的排列。

渐渐地，它们开始意识到自己的顺序。
远处是电视的回声，
屏幕里孤独的方格子画面
反照出我们的微笑
以及我们幸福的家庭日常画面。

在纸牌的鸿沟面前一切都不算什么
它们如充满一切可能的军队一般铺展在
桌布未铺平的桌子上。
如果国王在每一行队的末尾就位的话，
那么一切都是值得的。
一切似乎都可以是完美的
-现在在电视画面中也能看到
即使你的病是一场噩梦-
如果最后一张揭开的牌
能打开你存在的思念之隙
在被俘虏和被手无寸铁的孤独打败之前
生活不可能不完美：

17.

En la mesa de camilla sobre la espera cotidiana,
desplegadas las cartas en un desfile marcial,
de acuerdo a unas reglas casi del todo olvidadas...

Y, segundo a segundo, las cartas descubrían sus secretos
al darse la vuelta en la cadena del azar,
y, segundo a segundo, todo iba tomando conciencia
del orden de la dictadura de los números
y de los colores perfilados de los diferentes palos.

Poco a poco, las piezas iban tomando conciencia de su orden.
Lejos quedaban entonces los ecos de la televisión,
las imágenes cuadriculadas y solitarias de la pantalla
que se empeñaban en reflejarnos sonrisas
y la estampa cotidiana de una familia feliz, de manual.

Todo era nada delante del abismo de las cartas
desplegadas como un ejército de posibilidades
sobre el campo arrugado de la mesa de camilla.
Y todo había valido la pena si los reyes terminaban
por ocupar su posición al final de cada fila.
Y todo parecía que podía ser perfecto
-ahora sí reflejo de los cuadros televisivos,
incluso que tu enfermedad era una pesadilla-
si la última de las cartas que se destapaba
abría el hueco añorado de tu presencia.
Ante el cautivo y desarmado solitario vencido
no era posible que la vida no fuera perfecta:

真实而日常的电视嘈杂画面，
突然被打开的街门
走廊里弥漫着你的古龙水味，
在谈话的盘子里共享着晚餐
以及闭上眼睛前的吻别。
如此日常的场景，如此期待和重复的场景
它们甚至不值得一个廉价的回忆相框定格。

在孤独取胜之前一切皆有可能。
在摧毁完美之前一切皆有可能
在成为一个握起的无情的拳头之前
顺序和花色爆发
在沉默而冰冷的桌上。

但有时，尽管心不在焉或弄虚作假，
一张想要的、需要的牌却从未出现过，
国王们从未占据过它们应该在的位置。
临街的门几乎总是关着的
走廊，一天天，变得越来越长。
上来的晚餐总是冷掉的，一天比一天冷
一天比一天寂静，电视的回声也一天比一天远。

但总是有机会重新开始，
使桌上老旧的桌布铺平
为一个沉默、紧张且充满希望的
孤独者布置方格希望。
总是有机会重新开始，
总是有机会梦想其他可能的结局。

reales y cotidianas las ruidosas escenas de la televisión,
la puerta de la calle que se abre repentina
llenando del olor de tu colonia el pasillo,
la cena compartida en los platos de las conversaciones
y un beso de despedida antes de cerrar los ojos.
Escenas tan cotidianas, escenas tan esperadas y repetidas
que ni merecen el marco barato de un recuerdo.

Todo era posible ante el triunfo del solitario.
Todo era posible antes de destruir tanta perfección,
de volver a convertir en un puño cerrado y seco
aquella explosión de orden y de colores exactos
sobre una silenciosa y fría mesa de camilla.

Pero a veces, a pesar de los despistes y de la trampas,
nunca llegaba a aparecer la carta deseada, la necesaria,
nunca los reyes terminaban por ocupar su posición final.
Casi siempre la puerta de la calle permanecía cerrada
y el pasillo se volvía, día a día, cada vez más largo.
La cena terminaba por servirse fría, cada día un poco más fría
y silenciosa, cada día más alejada del eco de la televisión.

Pero siempre tenía la posibilidad de volver a comenzar,
de alisar la tela envejecida de la mesa de camilla
y disponer la cuadriculada esperanza de un solitario
mudo, intenso, amenazante y lleno de esperanzas.
Siempre hay una oportunidad de volver a comenzar.
Siempre hay una oportunidad de soñar con otros finales posibles.

18.

再也没有人来修筑你童年的记忆，
夜晚在寂静中分享的时刻
或寄托在你学业上的家庭希望
就像随着岁月远去的教室一样都消失了
再也没有人记得曾经的你，
来检验你的回忆和我的想象，
你的传奇与照片不可磨灭的印记。
没有人能告诉我相框之外还能看到什么，
那个笑容隐藏了什么或者什么试图被遗忘
在遮住整张脸的眼镜后面。
所有人都已死去，一切都在沉默之中。
你的兄弟姐妹，从未原谅你把他们
桎梏在田间播种。
你的父母没有从你的目光中认出他们自己来
也不懂你手上的新手语。
你的朋友、你的亲密伙伴没有一个
可以为模糊的照片涂上颜色。
已没有人真正记得你，
从遗忘中拯救你的真实话语，
拯救你嘴唇间发出的真实的音调。
我只留有你少量的故事和回忆
还是别人提到的你的故事。
我只留有十几张褪色的照片
还是在破旧的鞋盒中找到的。
没有人再记得你声音的真实气息，
没有人再记得你每一次爱抚的真实触感。
母亲保持着沉默。在被遗忘的沉默中，
年复一年地建造我们的四周，
叹一口气，永远闭上你的眼睛。

18.

Nadie queda para construir la memoria de tu infancia,
las horas compartidas en el silencio de la noche
o las esperanzas familiares puestas en tus estudios
que se evaporaron como lo hacían los años lejos del aula.
Nadie queda para recordarte tal y como eras,
para contrastar tus recuerdos con mis imaginaciones,
sus leyendas con el sello indeleble de las fotografías.
Nadie podrá decirme qué se veía más allá de los marcos,
qué escondía aquella sonrisa o qué se intentaba olvidar
detrás de unas gafas que cubrían toda la cara.
Todos han muerto ya y todo permanece en silencio.
Tus hermanos, que nunca te perdonaron el condenarles
para siempre al yugo multiplicado de la siembra en el campo.
Tus padres que no se reconocían en tu mirada
y que no entendían los nuevos acentos de tus manos.
Ninguno de tus amigos, de tus compañeros de intimidades
puede ahora devolverle el color a la fotografías veladas.
No queda nadie que en realidad te recuerde,
que rescate del olvido tus verdaderas palabras,
el acento real con que salían de tus labios.
Solo me quedan un puñado de historias y de recuerdos
que son de otros por más que siempre hablen de ti.
Solo me queda una docena de fotografías ajadas
recuperadas del fondo de una vieja caja de zapatos.
Nadie recuerda ya el verdadero aliento de tu voz,
el tacto certero de cada una de tus caricias.
Mi madre permanece en silencio. En el silencio del olvido,
que ha ido construyendo a nuestro alrededor, año a año,
suspiro a suspiro, cerrando para siempre tus ojos.

19.

我没有实现你的任何梦想。
我没有从军校毕业
也没能穿上
捍卫祖国的绿军装
我再也没有奔赴一年一度的
庄稼丰收和带着家人气息的田野的召唤，
也没有每年为你的坟墓送上鲜花。
但如果你现在能看到我，哪怕是一瞬间，
我知道你会为你的儿子感到骄傲，
为这个最终成为的我而骄傲。

我没有获得任何军衔
虽然你可能曾幻想我作为军官出现在街上或
在我们的饭桌旁。
我没有停止想念你
虽然我给你写的诗句很少。
现在我们会同龄一段岁月，
现在我在你眼中看到了我
我感受到你如何抚摸我不再拥有的头发
或者我的双手迷失在你的大手中
现在如果你见到我的话肯定会对我微笑的。就在此时此地。

你离开得太早了，没有给我留下多少叮嘱。
你离开时还没教会我哭泣不需要眼泪
回忆有时像带血的匕首
不经意间将伤口豁开。
你离开得太早早得都不知道我是谁，
不知道每次你看我时你对我真正的期望是什么，
你真正希望我用生命来实现的梦想是什么。

19.

No he cumplido ninguno de tus sueños.
No me he licenciado en la escuela militar
ni me he vestido con los trajes verdes
de las órdenes impuestas por los himnos y las banderas.
No acudí nunca más a la llamada anual
de las cosechas y a los campos con aire de familia,
ni he llevado flores frescas cada año a tu tumba.
Pero si ahora pudieras verme, tan solo un instante,
creo que te sentirías orgulloso de tu hijo,
de este yo en que he terminado por convertirme.

Por más que no haya tenido ninguno de los oficios
con los que quizás soñabas al verme en la calle
o aferrado a la falda de camilla de nuestro comedor.
Por más que no haya dejado de recordarte
aunque hayan sido escasos los versos que te he escrito.
Ahora que compartimos por unos meses la misma edad,
ahora que me veo reflejado en tu mirada
y que siento cómo acaricias el pelo que ya no tengo
o mis manos se pierden en la inmensidad de las tuyas,
ahora sí que sonreirías si pudieras verme. Aquí y ahora.

Te fuiste demasiado pronto para darme ningún consejo.
Te fuiste antes de enseñarme que se llora sin lágrimas
y que los recuerdos pueden se puñales ensangrentados
que abren heridas al torcer sin querer una esquina.
Te fuiste demasiado pronto para saber quién era yo,
lo que realmente soñabas cada vez que me mirabas,
los sueños que realmente esperabas cumplir con mi vida.

但现在我们，短暂地，同龄了，
你，终于，来了，留下来。从现在到永远。

在多面镜前一瞥。
现在我们从相隔两地在岁月里融为一体
我有生以来第一次，开始，理解你。

Pero ahora que compartimos, fugazmente, la misma edad,
has venido, por fin, para quedarte. Ahora y para siempre.

Una sola mirada en la multiplicación de los espejos.
Ahora que somos uno en los años vividos en la distancia
comienzo, por primera vez en mi vida, a comprenderte.

20.

我们努力将生活简化为图片和数字。
我们精确算计生日蛋糕上面的数学
一切似乎都在为最后一刻
回忆成为理由而准备，
视频集合在几秒内
就能如拼图般诠释我们。
我们喜欢看着镜子前的自己
幻想我们更青春的样子，我们曾经年轻过的样子。
如果不幻想、不撒谎我们就什么也不是。
什么也不是。
如果一切都让我们感到疲倦，如果一切都不像我们
　梦想的那样
又怎么用同一口气息继续吹灭蜡烛？
我们前半生一直想成为大人
来认识所谓的规则并为了跨越它们。
我们的后半生又来怀念这段
一切都处在创造期，编织不完美的未来之梦
不知道有引力定律、
公共场合和惧怕我们自己的时期。

镜子相约与我们作伴。
镜子变小就像我们患上近视
现在我们只剩下欺骗自己，制造图像
替换镜中我们的成像和倒像
我们所有的目光都从镜子中反射回来。

我们奋力想把这一生的每一秒都记住，
这一生都在奋力过着数字般的生活，

20.

Nos empeñamos a reducir a imágenes y cifras nuestras vidas.
Llevamos la cuenta exacta de las matemáticas de las tartas
y todo parece que nos prepara para ese último instante
en que los recuerdos se vuelven desfile de razones,
esa película que nos resume y que en pocos segundos
es capaz de darle sentido a la última pieza del puzzle.
Nos gusta imaginarnos más jóvenes, ese joven que fuimos,
ante la imagen que nos devuelven los espejos.
No somos nadie sin la imaginación y sin las mentiras.
Menos que nadie.
¿Cómo seguir soplando las velas con el mismo aliento
si ya todo nos cansa, ya nada es como lo habíamos soñado?
Nos pasamos media vida queriendo ser mayores
para así poder conocer la reglas y así poder saltárnoslas.
Nos pasamos la otra media vida añorando esa edad
en que todo estaba por inventarse, ese futuro imperfecto
de unos sueños que desconocen la ley de la gravedad,
de los lugares comunes y del miedo a nosotros mismos.

Los espejos se empeñan en hacernos compañía.
Los espejos que se vuelven diminutos como nuestra miopía
y solo nos queda mentirnos, inventarnos imágenes
que sustituyan a los rasgos reflejados e invertidos
que nos devuelven los espejos de todas las miradas.

Nos empeñamos en querer recordar cada segundo
de esta vida que se empeña en ser matemática,

唯一真正值得成为记忆的
是 我们呼吸那一刻的发现。

或许，归根结底，生命不过就是：
我们遗忘的一切，我们在沉默中守护的一切。

cuando lo único que realmente vale la pena convertirse en recuerdo
es el inevitable descubrimiento cuando comenzamos a respirar.

Quizás, al final, la vida no es más que eso:
todo lo que olvidamos, todo lo que mantenemos en silencio.

21.

什么也不做。
让桌子消失在
书架上堆积如山的
承诺和读物之下。
继续什么也不做。
眼睁睁地看着未读消息越来越多。
不回复未接电话
也不去理会日历本上的红标。
就这样，保持沉默。
再一次，轻轻地呼吸体验，
心脏是如何慢慢变缓，
紧闭双唇是如何能真切感受到
我们最终，所剩的时间，已无几。
什么也不做。
看第一缕阳光如何羞怯地照进来
房间是怎样在一声叹息中变得盲目，
每小时如何运转得如同每秒钟。
保持静止、出神、沉默，
低声写诗，有时耳语
知晓这些既来的诗句会消失。
水中没有关于飓风的记忆。

再一次，什么也不做。
呆在这里，把头埋进枕头里，
屏住呼吸，不听，不哭，
等待，这一次，就像什么也没发生，
让生活给我们喘息的机会，
让愿望，这一次，都变成现实。

21.

No hacer nada.
Dejar que la mesa desaparezca bajo
los montones de compromisos y de lecturas
que se volverán cuadriculados en las estanterías.
Seguir sin hacer nada.
Ver cómo los mensajes se van hinchando.
No contestar la insistencia de las llamadas perdidas
ni hacer caso al rojo de los calendarios.
Quedarse así, en silencio.
Respirando lo mínimo para sentir, una vez más,
cómo el corazón lentamente se va calmando,
cómo es cierto al cerrar con fuerza la boca
terminamos por quedarnos, por fin, sin tiempo.
No hacer nada.
Ver cómo penetran tímidos los primeros rayos del sol
y cómo en un suspiro la habitación se queda a ciegas,
como si fueran segundos las horas que se han repetido.
Quedarse quieto, ausente, callado,
escribiendo versos en voz baja, susurrando acaso
y sabiendo que esos versos como vinieron se irán.
No quedan recuerdos del huracán en el agua.

No hacer nada, otra vez.
Quedarse aquí, con la cabeza bajo la almohada,
casi sin respirar, casi sin oír, casi sin llorar,
esperando a que, por esta vez, nada haya pasado,
a que la vida nos dé un respiro,
en que los deseos, por una vez, se vuelven reales.

22.

镜子前的我越来越像你，
我越来越像照片中那个静止的人像。
随着岁月的流逝，我的容貌
渐渐地被雕刻成你的样子，
优柔寡断的影子和光秃秃的头顶
还有贪吃的克数
累积在身体的秤砣上这些都像你。
我的微笑，相反，跟母亲快乐时的皱纹一样
她在那儿，一直，陪着我。
照片隐藏了你最亲密和亲切的姿态，
但是镜前我感受到了上千个
我们基因所致的一样的姿态映照，
这使我们成为一体，尽管岁月流逝，
尽管你的死亡已是关合的事实，我的悲伤是张开的
亦是事实。

在镜子前，分享你的样子、你的体味，
那个躯体，过早地，抛弃了万有引力定律，
我现在成了我，因为我明白了我就是你。

在镜子前，我们现在拥有相同的年龄
共享着一小把珍贵和无声的记忆，
我得自己独行了，独自走这条路。

是时候去过我们永远不会分享的岁月了。
是时候让自己投入黑夜，投入暴风雨中了，
任我的泪水混入雨水中感受到我还活着。

22.

Delante del espejo cada día soy un poco más tú,
más me parezco a esa imagen detenida en las fotografías.
Con el paso marcial de los años, mi reflejo
se ha ido esculpiendo a tu imagen y semejanza
por las sombras indecisas y arrogantes de los flequillos
y los gramos indecentes de las comidas a deshoras
que se han instalado hace tiempo en nuestras básculas.
La sonrisa, en cambio, comparte alegrías y arrugas de mi madre
que está ahí, desde siempre, haciéndome compañía.
Las fotografías esconden tus gestos más íntimos y sociales,
pero ante el espejo siento reflejado en mil detalles
la arquitectura inevitable de la genética que compartimos,
que nos hace ser uno a pesar del paso de los años,
a pesar de tu muerte cerrada y de mi abierta melancolía.

Ante el espejo, compartiendo sombras, olores con tu cuerpo,
ese cuerpo que abandonó, demasiado pronto, la ley de la gravedad,
vuelvo a ser yo ahora que he comprendido lo que soy tú.

Ante el espejo, ahora que compartimos la misma edad
y un reducido puñados de recuerdos atesorados y silenciosos,
he de comenzar a andar solo, a seguir solo el camino.

Ha llegado el momento de vivir los años que nunca compartiremos.
Ha llegado el momento de lanzarme a la noche, a la tormenta,
a sentirme vivo mientras mis lágrimas se pierden en la lluvia.

23.

小巷只有五米长，呆傻的五米。
昨天我独自测量了一下。
满是路灯的路呈一个圆形
将小巷变成一条跑道，一声叹息。
小巷没有路灯和人行道，却有后门
和石子通向多年来的好奇。
只有五米，连接着祖母家和
满是游戏和秘密的堂兄弟的家。
只有五米，寂静、充满欢笑，
拳头张开、目光赤红，
静静地、气喘吁吁，等待捕猎者靠近，
马上要展开一场只有五米长的赛跑，
永无止境的五米，屏住呼吸，闭上双眼。

随着时间的推移那些巴掌和拳头已不再疼了，
远处传来的令人作呕的侮辱声已不再臭气熏天
以及被问了无数次的问题永远都没有答案。

随着时间的流逝只剩下粉笔画的十字架的触感
在新买的外套的后背上，
躲起来抹去痕迹，抹去那一丝侮辱，
抹去因咬紧牙关、嘴唇的疼痛，
掐大腿时留下的月芽儿，
抹去这一切，这一切，在流下一滴泪之前。

23.

El callejón mide tanto solo cinco metros, cinco estúpidos metros.
Ayer los medí en solitario.
Las calles llenas de farolas dibujan un círculo de kilómetros
que el callejón convierte en una carrera, un suspiro.
Callejón sin farolas y sin aceras, con puertas traseras
y las piedras abiertas a la curiosidad de tantos años.
Tan solo cinco metros que comunicaba la casa de mi abuela
con los juegos y las intimidades de la casa de mis primos.
Tan solo cinco metros de silencio y de risas contenidas,
de puños abiertos y el rojo de las miradas delatoras,
silenciosas, sin aliento, a la espera de la presa que se acerca,
que comienza una carrera de tan solo cinco metros,
de cinco interminables metros, sin aliento, con los ojos cerrados.

Con el tiempo no duelen tanto las collejas ni los golpes,
ni el nauseabundo hedor del insulto gritado a los lejos
y la pregunta que es siempre la misma y siempre sin respuesta.

Con el tiempo solo queda el tacto de la cruz de tiza
en la espalda certera del abrigo recién comprado,
el esconderse para borrar las huellas, el indicio de tanto insulto,
y el dolor al apretar los dientes, morderte los labios,
pellizcarte en la cuenca lunar de los muslos,
todo, todo, antes de derramar ni una sola lágrima.

24.

我半夜打开记事本
渴望继续描述你
里面诸多的空白页，
充满了对你记忆的紧张红色。
在睡梦中，在那些被遗忘的梦中
你的出现几乎不露面，几乎没有细节，
将你的存在强加在日历上。
只因为你。只因为你的记忆才值得活下去。
我知道这文字和诗句之镜
让我先想起我然后是你的影子，
它们拯救了我目光中的一些细节
只有我们两个人分享和知道。

但这不重要。现在一切都不重要了。
我们活到了五十岁，我们到了
拥有相同年龄的时候，我们被砍断的人生交集
就是这个岁数，现在又联结在
这些编织的召唤中和恢复的记忆里。

我们睡在同一张床上，有着同样的睡姿，
我们住在同一个家，灯光照着无法抵达的走廊
即使这样，我们也，一如既往地形同陌路。
没有人在黑暗的镜子后面等待我们。

午夜时分，理性之光
将星星扼杀在黑暗的天空中。
只有远处过往的汽车声
传入窗内。没有光。没有任何迹象

24.

Abro el cuaderno en medio de la noche
con la esperanza de seguir describiéndote
en la inmensidad de la página en blanco,
que se llena del rojo nervioso de tu recuerdo.
En medio del sueño, de estos sueños olvidados
apareces casi sin rostro, casi sin detalles,
imponiendo tu presencia a los calendarios.
Solo tú. Solo tu recuerdo vale la pena vivir.
Y sé que este espejo de letras y de versos
me recuerdan antes a mí que a tu sombra,
rescatan algunos detalles de mi mirada
que solo los dos compartimos y conocemos.

Pero no importa. Ya nada en realidad importa.
Hemos cumplido cincuenta años, hemos llegado
a tener la misma edad, el siglo que se cierra
en nuestras biografías truncadas, unidas ahora sí
en las evocaciones inventadas, los recuerdos recuperados.

Dormimos en la misma cama y vestimos idénticos gestos,
habitamos la misma casa encendida de pasillos imposibles
y aún así seguimos siendo, como siempre, unos desconocidos.
Nadie nos espera detrás de los espejos apagados.

En medio de la noche, la luz de la razón
sigue matando estrellas en la oscuridad del cielo.
Solo un rumor lejano de coches disciplinados
entra por la ventana. Ninguna luz. Ningún indicio

表明把眼睛闭上几个小时再睁开时
太阳会爆炸并照亮四周。
我闭上眼睛渴望在睁开的一刹那
你的目光会是我目光中的一个影子，
那将不只是对桌边充满欢笑的谈话
那准确而又熟悉的记忆。
我闭上眼睛希望知道你死了
有真实的墓志铭和无声的坟墓等待着
红玫瑰的兴奋的紧张感的那种死。

de la explosión de soles que invadirán mil esquinas
cuando vuelva a abrir los ojos dentro de unas horas.
Cierro los ojos con la esperanza explosiva de que al abrirlos
tu mirada será una sombra más en mi mirada,
que ya no será más que ese recuerdo certero y familiar
que llena de sonrisas las conversaciones de la mesa de camilla.
Cierro los ojos con la esperanza de saberte muerto,
uno de esos muertos de epitafios certeros y tumbas silenciosas
que esperan el nerviosismo emocionado de las rosas rojas.

25.

玛丽莲·梦露若还活着的话就九十一岁了
费德里科·加西亚·罗尔迦也得是百岁老人了；
格洛丽亚·富尔特斯和何塞·路易斯·桑佩德罗也过
　了百年诞辰，
胡安·戈伊蒂索洛已不在世，
再也不能做针锋相对的谈话，
纳图·博莱特也一样，喝完最后一杯威士忌
来庆祝他未能庆祝的最后一个生日。
岁月流逝，他们一切都没有改变。
形象在众多照片和掀起的裙子的
画面中被石化。
最近几个月你要过多少岁的生日？
我已忘记你的生日是哪一天
因为你在很久以前就变成了雕像
而大理石并不知道时间的抚摸。
在这些被束缚的日子里
庆祝已解体的演员或复苏的作家的生日就像一个谎言。
不管是你还是他们都不能吹灭隐秘愿望的蜡烛。
不管是你还是他们都不过是一张照片
和一小撮被买来的虚假的回忆。
需要土地上的尘土
和角落里难以察觉的裂缝来庆生。
需要重回数学
和时间的脚步达成叙述契约来庆生。

今天日历上显示我快要走过，我几乎独自一人
快要走过半世纪了，而这一直是
我们生命旅途中不可避免的中间点。

但是，我真的已经生活了五十年了吗？

25.

Marilyn Monroe cumpliría noventa y un años
y Federico García Lorca más que un centenar;
cien años los de Gloria Fuertes y José Luis Sampedro,
Juan Goytisolo ha dejado de cumplir años,
de llenar de bisturíes certeros las conversaciones,
lo mismo que Natu Poblet, que ha bebido su último whisky
para celebrar el último de sus no cumpleaños celebrados.
Pasan los años y nada en ellos ha cambiado.
Una imagen petrificada en el cuadro repetido
de las fotografías y de las faldas levantadas.
¿Cuántos años habrías cumplido tú en estos meses?
He olvidado la fecha de tu repetido cumpleaños
porque desde hace tiempo te has vuelto estatua
y el mármol no conoce de la caricia del tiempo.
Es mentira que hoy, que en estos encadenados días
cumplan años actrices disecadas o escritores resucitados.
Ni tú ni ellos podrían soplar las velas de los deseos secretos.
Ni tú ni ellos sois algo más que una fotografía
y un puñado de recuerdos comprados y mentirosos.
Para cumplir años se necesita del polvo del camino
y de las grietas imperceptibles de las esquinas.
Para cumplir años hay que volver a las matemáticas
y al pacto narrativo del lento paso del tiempo.

Hoy dice el calendario que me acerco, casi solo,
al medio siglo que siempre ha sido frontera
inevitable de la mitad del camino de nuestra vida.

Pero ¿realmente he vivido ya cincuenta años?

恐怕这许多年都没有流血。
恐怕我对这许多年都没留下什么回忆
很难说出已经过去了这么多年。
也许只是几天。也许只是几小时。也许只是生命中
　转瞬即逝的一刹那。
但永远不是年。不是这五十年
使我们相聚在生日蛋糕上。
你这五十年有多少年可以称为年？
你度过的多少天是空白的，
连记忆中难以觉察的尘埃都配不上？
你默默离开，没有和我分享你的任何秘密，
你那时的真实年龄，是多大？

Me temo que muchos lo fueron sin sangre.
Me temo que de muchos conservo pocos recuerdos
y que mal puede decirse de ellos que fueran años.
Quizás días. Quizás horas. Quizás instantes fugaces de vida.
Pero nunca años. Nunca estos cincuenta años
que ahora nos reúnen en el encuentro de las tartas.
¿Cuántos de tus cincuenta años pueden llamarse años?
¿Cuántos de los días vividos pasaron en blanco,
no merecieron ni el polvo imperceptible de un recuerdo?
¿A qué edad, en realidad, te fuiste en silencio
sin haber compartido conmigo ninguno de tus secretos?

26.

家再也不是原来的家。
也许沉默，还是的。
也许从文字中逃离的对话
已变成难以面对的副词念珠。
你死后家再也不是原来的家了。
一个有着长走廊和宽阳台的家。
一个房窗紧闭、门锁打开的家。
一个充满油腻的菜籽油味
和炎热夏日中土豆饼的家。
走廊从未如此长、如此多余。
厨房从未如此安静和难闻。
客厅从未如此空旷和缺少温暖。
缝纫机从未如此疯狂和焦灼得
渴望维持生计，用承诺将冰箱装满。
我母亲从未那样加速衰老过
也从未被千年古城的财富梦想诱惑住。

那个势必到来的夜晚改变了一切
虽然每个人都努力地假装什么也没发生，
谎言和虚假一清二楚。昨天和今天。
同样的学校和同样的教科书。
相同的追赶公共汽车的道路。
同一所被抛弃的家，在那里第一次尝试
吸烟、体验初吻甜蜜和意想不到的味道，
感受另一个人的肌肤、另一种欲望时浑身颤抖的地方。

但是一切都不一样了。一切也不可能一样。
你在一个历史性的二月的一个寒冷的夜晚离开了。

26.

La casa no volvió a ser nunca la misma.
Quizás los silencios, sí.
Quizás las conversaciones que huían de las palabras
y se convertían en un rosario de adverbios mal encarados.
Pero nunca la casa fue la misma después de tu muerte.
Una casa de largos pasillos y de estrecha terraza.
Una casa de ventanas cerradas y de candados abiertos.
Una casa de olores pringosos con aceite de colza
y tortillas de patatas en medio del calor del verano.
Nunca el pasillo fue tan largo y tan innecesario.
Nunca la cocina estuvo tan callada y olorosa.
Nunca el salón más vacío y ausente de condolencias.
Nunca la máquina de coser más frenética y ansiosa
para llegar a fin de mes, para llenar de promesas la nevera.
Nunca mi madre envejeció más reproches impredecibles
ni se dejó llevar por sueños de riquezas en ciudades milenarias.

Nada fue lo mismo desde aquella inevitable noche
aunque todos se empeñaban en simular que fuera lo mismo,
espejo idéntico de mentiras y de ficciones. Ayer y hoy.
El mismo colegio y los mismos libros de textos.
Las mismas carreras para no perder el último autobús.
La misma casa abandonada donde probar el primer
cigarrillo y el sabor dulce e inesperado del primer beso,
el primer escalofrío de sentir cerca otra piel, otro deseo.

Pero nada fue lo mismo. Nada podía ser lo mismo.
Te fuiste una fría noche de un febrero histórico.

不久之后只有那条长廊，永无止境的长廊
是唯一还能让我记起你，还能让我渴望着
你镜片上倍增的坚定脚步的目光。
我们太早学会了在寂静中生活。
甚至在那个重复的二月到来之前。
甚至在你永远死去之前，永远。
甚至在镜子意外反射之前。

Y al poco tiempo tan solo aquel pasillo largo, interminable
era lo único que te seguía recordando, que aún ansiaba
el certero paso de tu mirada multiplicada por las gafas.
Aprendimos demasiado pronto a vivir en silencio.
Incluso antes de que llegara aquel repetido febrero.
Incluso antes de que te murieras para siempre, para nunca.
Incluso antes del reflejo inesperado de los espejos.

27.

你的幸福永远不会属于我。
我们永远无法在怀疑的道路上相遇
看着我们的脸，微笑着继续前行
若无其事，仿佛我们都意识到了完美。

我看见你坐在桌旁。
双手放在膝头，来回抚弄着，什么也不做。
眼睛盯着电视，人却出了神，并没有关注
诸多不同姿势的图像
不过是路中间的一扇窗户。
两条腿烤着火，
就像不再期待的爱抚，从未有过的爱抚。

我直勾勾地盯着你看，带着惊讶，
带着画在我瞳孔中心的嫉妒，
带着渴望感受，只是一秒钟，一秒钟，
你不疑虑的、无棱角的充实的幸福，
带着失望得知达到你的
幸福、容光焕发和呆傻是不可能的，
我被书中的疑惑毒害之后，
我的目光让你惊讶，让你受伤。
你盯着看什么？你问我。没什么-没什么，我回答你。
我沉默了，尽管我没有停止说话和解释自己。
我沉默了，又一次，又一次埋葬了我的心
和感情，我忘记了死亡临近，
只有几米，只有差不多五米，
在走廊尽头我父母的房间。

27.

Nunca tu felicidad podrá ser la mía.
Nunca podremos encontrarnos en el camino de la duda
y mirarnos a la cara y sonreír y seguir andando
como si nada, como si tuviéramos conciencia de lo perfecto.

Te miro sentada en la mesa de camilla.
Las manos en el regazo, acariciándose sin hacer nada.
Los ojos en el televisor, sin mirar, sin atender
como si las imágenes multiplicadas de gestos robados
fueran las de una ventana en mitad del camino.
Con las piernas recibiendo el calor del brasero,
como esa caricia que ya no se espera, que nunca se tuvo.

Te miro tan intensamente, con tanta sorpresa,
con la envidia dibujada en el corazón de mis pupilas,
con el deseo de querer sentir, por un segundo, solo un segundo,
la plenitud de tu felicidad sin dudas y sin aristas,
con la decepción aprendida de que será imposible
alcanzar tu dicha plena, radiante, bobalicona
después de haberme envenenado de dudas con los libros,
que mi mirada te sorprende y te hace daño.
¿Qué-miras? me preguntas. Nada-tía-nada, te respondo.
Y callo por más que no dejo de hablar y de explicarme.
Y callo, una vez más, y una vez más entierro mi corazón
y los sentimientos, y me olvido de que la muerte está cercana,
a tan solo unos metros, a unos cinco metros más o menos,
en la habitación de mis padres al final del pasillo.

我沉默了，忘记一切。闭上眼睛，插起双手。
我不能再若无其事地继续看电视了，
就像在我们之间没有发生任何启示，
就像我们在没有疑虑的道路上相遇，
像发情的动物那般微笑着。

Y callo y me olvido de todo. Y cierro los ojos y escondo las manos.
No puedo seguir mirando la televisión como si nada,
como si ninguna revelación hubiera ocurrido delante de nosotros,
como si nos encontráramos en el camino sin dudas,
sonriendo como solo los animales en celo saben hacerlo.

28.

我开始成为我虽然我的影子还是你
因你而聚集起所有的拳头
而我一生都无法挥拳。
直到现在。
敲击桌子的声音使祖母的玻璃器皿
和开信封的锋利小刀颤抖。

我开始在你的束缚中成为我
成为扔进
平凡之湖中心的石块。
你曾公开蔑视我的工作
又悄悄地在背地里称赞。
你曾偷走我的周末
现在却浪费在别人设计的节目上。
你不曾了解我，尽管你总是
在钱包里夹着我的一张皱巴巴的照片。
你曾是你，我闭上眼睛
拒绝承认我的影子里有你，
那只不过是你自己梦想的影子。

我花了一生的时间来寻找你，却不自知。
我任由岁月编织成人生脉络
有一天变成你梦想中的我的样子，
虽然我现在才记起你，
虽然写给你的诗不过十几首，
虽然我把你的脸认成了
家庭相册里已泛黄的照片中你的脸。

28.

Comienzo a ser yo aunque mi sombra sigues siendo tú
y con este tú se agolpan todos los puños
que no he sabido dar a lo largo de mi vida.
Hasta ahora.
Los golpes en la mesa que hacen temblar los vidrios
de la abuela y el cuchillo afilado de los documentos.

Comienzo a ser yo en las ataduras del tú
que es capaz de convertirse en piedra arrojada
al corazón del lago inevitable de los lugares comunes.
Tú que despreciabas mi trabajo en público
para elogiarlo en los pliegues escondidos de las confesiones.
Tú que eras capaz de robarme los fines de semana
que ahora dilapidas en los programas por otros diseñados.
Tú que nunca me conociste por más que llevabas
una de mis fotografías arrugadas en la cartera.
Tú que eras tú tan solo porque cierro los ojos
y me niego a reconocerte reflejo de mi propio yo,
ese que no es más que sombra de tus propios sueños.

Me he pasado la vida buscándote sin saberlo.
He dejado que los años fueran trenzando la red
de la biografía que un día habías soñado para mí,
por más que nunca te he recordado hasta ahora,
por más que no sean más de una docena los versos a ti debidos,
por más que haya confundido tu rostro con el de las fotografías
que se vuelven amarillas en los álbumes familiares.

无论如何，在任何虽然之上，
是时候忘记赋予我的角色了，
在生活中，在生命的每一刻都即兴发挥。

现在，我正好五十岁了，
我感受到写第一页时的紧张，
尤其是仍有歪扭的诗行的烦恼
和永远无法达到你期望的完美，
我开始做我，
我开始不再是你了。

在深渊之前我微笑。我一次又一次地微笑。
直到永远。
从现在直到永远。

轻轻的。远离你的恐怖和愿望，从你未说过的雷鸣
　般的沉默的梦想中，
开始在镜中找到自己的影子。
第一次。
第一次，镜中影像反射的是
我真实的面容，和我一起生长的皱纹，
这些年我用激情和
从宇宙中心剥离的笑声喂养的皱纹。
笑。再笑一次。笑到永远。
用笑来应对日常和被遗忘的
我们将不再分享的岁月的基石。

活着。从这一刻开始活着。
在跟你同岁时复活，我们共享的这个年龄。
再一次记住，你已经死去，
你让我喘不过气来，泪眼干涸
就在那个政变和枪击冲上云霄之夜
一直无法忘记你。

A pesar de todo y de todos, y por encima de cualquiera,
ha llegado el momento de olvidarme del papel asignado,
de improvisar en la vida, en cada instante de la vida.

Ahora, justo ahora que cumplo cincuenta años,
que siento el nerviosismo de escribir mi primera página,
la desazón de comprobar que aún hay renglones torcidos
y que nunca alcanzaré la perfección de tus ilusiones,
comienzo a ser yo,
comienzo a dejar de ser tú.

Y ante el abismo sonrío. Sonrío una y otra vez.
Para siempre.
Ahora y para siempre.

Ligero. Alejado de tus miedos y de tus deseos,
del silencio estruendoso de tus sueños no confesados,
comienzo a verme reflejado en los espejos.
Por primera vez.
Y por primera vez, el reflejo termina por devolverme
mi verdadero rostro, las arrugas que han crecido conmigo,
que he ido alimentando con pasión durante estos años
con una risa desprendida de la diana del universo.
Reír. Reír una vez más. Reír para siempre.
Reír para hacer de esta rutina cotidiana y olvidada
la piedra angular de los años que ya no compartiremos.

Vivir. Comenzar en este justo instante a vivir.
Resucitar con tu misma edad, esa edad que compartimos.
Vivir recordando, una vez más, que te has muerto,
que me dejaste sin aliento y sin lágrimas
en la noche del golpe de estado y de disparos
al cielo de un techo que no ha dejado de recordarte.

活着
知晓死亡是我们唯一的宿命，
是从此刻起，我们将分享的唯一宿命。

活着。今天。直到永远。
从今天开始好好活着，永远好好活着。

Vivir
sabiendo que la muerte es nuestro único destino,
el único que vamos a compartir a partir de este momento.

Vivir. Hoy. Para siempre.
Comenzar a vivir hoy y no dejar ya nunca de hacerlo.

说明……

总有一天你会离开，而我亦不会在这里。
你会像来时一样离开。静静地。
几乎不用开门，穿过记忆的裂缝。
你会离开因为你已经不能继续庆生
也不能在蜡烛转瞬即逝的热度前许愿，
也不能听到一首走调的歌声后的掌声
以及沾满愿望之唇的高脚杯的碰撞声。

你会离去，现在是的，直到永远。现在，终于。
你离开因为确实到了离别的时刻，
因为你知道你只是我背后的影子
你的债务已由我们付清。
今生的债你永远无法去体验
因为我们的出现，我们的回忆和承诺。

你会带着微笑离开，
知晓你是一具美丽的躯体，身披怀念之衣
衣袋中藏着蓝色诗句。

你会离去，现在是的，因为你知道了镜子的触感
和巨大的指纹阴影。
泉底没有秘密
也没有刚捕获的野兔的凝视。
没有秘密。
没有记忆。
再也没有威胁性的镜子
也没有黑夜倒影中倍增的走廊。

只有你和我。

... CLARAS

Algún día te irás y yo no estaré aquí.
Te irás como has venido. En silencio.
Casi sin abrir la puerta, por la rendija de los recuerdos.
Te irás porque ya no puedes cumplir años
ni pedir deseos ante el calor efímero de las velas,
ni oirás los aplausos después de una canción destrozada
ni el choque de unas copas que llenan de deseo los labios.

Te irás, ahora sí, para siempre. Ahora, por fin.
Te irás porque ha llegado el momento certero de la despedida,
porque sabes que no dejas más que sombras a mi espalda
y tus deudas ya las hemos pagado nosotros.
Las deudas de esta vida que nunca pudiste vivir
porque aparecimos nosotros, los recuerdos y los compromisos.

Te irás con una sonrisa,
sabiéndote un cadáver hermoso, vestido de añoranzas
y con algún verso azul escondido en los bolsillos del abrigo.

Te irás, ahora sí, porque has conocido el tacto de los espejos
y la sombra inmensa de las huellas dactilares.
No hay secretos en el fondo de las fuentes
ni tampoco en la mirada sostenida de la liebre recién cazada.
No hay secretos.
No hay recuerdos.
Ya no hay espejos amenazantes
ni pasillos multiplicados en el reflejo de la noche.

Solo tú y yo.

你、我用一个拥抱道别，
虽然这个拥抱永远给不到你，
那个人此时，终于，充满泪水
映像，微笑和背后一击。

只有你和我。

只有我此时因你为了离开而来，
成为镜子另一边我想成为的映像。

此时此地。

Tú y yo que nos despedimos con un abrazo,
aquel que nunca pude darte,
aquel que ahora, por fin, se llena de lágrimas
y de reflejos, y de sonrisas, y de un golpe de espalda.

Solo tú y yo.

Solo yo ahora que has venido para irte,
para ser mi reflejo deseado al otro lado del espejo.

Aquí y ahora.

目录

ÍNDICE

Esta obra
se acabó de imprimir
con los auspicios de
Charo Fierro y
Antonio J. Huerga, editores

FINIS CORONAT OPUS